AF233635

PEINTURES A FRESQUE

DU PORTIQUE

De l'Eglise Paroissiale et Royale

DE

SAINT-GERMAIN-L'AUXERROIS

A PARIS.

SE VEND A LA SACRISTIE

25 cent.

AU PROFIT DES PAUVRES DE LA PAROISSE.

PARIS

IMPRIMERIE ET LITHOGRAPHIE DE MAULDE ET RENOU,
Rue Bailleul, 9-11.

1846

NOTICE EXPLICATIVE

DES

PEINTURES A FRESQUE

EXÉCUTÉES

Par M. Victor MOTTEZ,

Sous le Portique de l'Église

Saint-Germain-l'Auxerrois.

———

Le Sujet ou l'Idée générale de ces Peintures, c'est l'établissement de l'ENSEIGNEMENT ÉVANGÉLIQUE par JÉSUS-CHRIST.

———

NOTA. Il faut visiter les différents Tableaux de gauche à droite, et ensuite les Figures sur les Piliers.

———

1ʳ TABLEAU.

Jésus enseignant dans le Temple.

« L'Enfant croissait et se fortifiait, plein de sagesse, et la grace de Dieu était en lui. Son père et sa mère allaient tous

les ans à Jérusalem pour célébrer la fête de Pâques; et lorsqu'il fut âgé de douze ans, ils y allèrent selon la coutume, l'emmenant avec eux. Les jours de la fête étant passés, comme ils s'en retournaient chez eux, l'Enfant Jésus resta dans Jérusalem, sans que ses parents s'en aperçussent, pensant qu'il était avec quelques-uns de leur compagnie. Le lendemain, ne l'y trouvant point, ils retournèrent à Jérusalem pour le chercher, et ils le rencontrèrent dans le Temple, assis au milieu des Docteurs, les écoutant et les interrogeant, et tous ceux qui l'entendaient, étaient étonnés de sa sagesse et de ses réponses. »

Saint Luc, ch. 2.

2e TABLEAU.

Jésus prêchant sur la Montagne.

Jésus, voyant le peuple assemblé autour de lui, monta sur une montagne, où s'étant assis, ses disciples s'approchèrent de lui, et ouvrant la bouche, il les instruisait ainsi :

« Bienheureux les pauvres, en esprit, parce que le royaume du ciel est à eux.... Bienheureux les cœurs purs, parce qu'ils verront Dieu. ... Bienheureux les pacifiques, parce qu'ils seront appelés les enfants de Dieu.........

Je vous déclare que si votre justice n'est pas plus abondante que celle des scribes et des pharisiens, vous n'entrerez point dans le royaume des cieux....

Quand vous présentez votre offrande à l'autel, si vous vous souvenez que votre frère a quelque chose contre vous, laissez-là votre offrande; allez vous réconcilier avec lui, et puis, vous reviendrez présenter votre offrande. ....

Accordez-vous promptement avec votre adversaire, pendant que vous êtes dans le chemin de la vie....

Donnez à celui qui vous demande....

Aimez vos ennemis ; priez pour ceux qui vous persécutent et vous calomnient, afin que vous soyez les enfants de votre Père céleste qui fait lever son soleil sur les bons et sur les méchants....

Ne vous faites point de trésors sur la terre où la rouille et les vers les consument, et où les voleurs les dérobent....

Ne soyez pas inquiets pour la nourriture et le vêtement : considérez les lis des champs, comment ils croissent ; jamais Salomon dans toute sa gloire n'a été vêtu comme l'un d'eux...

Quiconque entend mes paroles et les pratique, sera comme un homme sage qui a bâti sa maison sur la pierre, et la pluie est venue, et les fleuves se sont débordés, et les vents ont soufflé, et sont venus fondre sur cette maison, et elle n'est point tombée, parce qu'elle était bâtie sur la pierre.

Et quiconque entend mes paroles et ne les pratique pas, sera comme un insensé qui a bâti sa maison sur le sable, et la pluie est venue, et les fleuves se sont débordés, et les vents ont soufflé, et sont venus fondre sur cette maison, et elle a été renversée, et la ruine en a été grande. »

St. Mathieu, ch. 5 et suiv.

3ᵉ TABLEAU.

Jésus sur la Croix.

« Quelques jours avant la semaine de Pâques, durant laquelle il devait être immolé, Jésus, se rendant à Jérusalem, disait à ses Apôtres : « L'heure est venue où le Fils de l'Homme doit être glorifié; mais auparavant il faut qu'il meure : car, en vérité, je vous le dis, si le grain de froment jeté en terre ne meurt pas, il demeure seul et sans fruit; mais s'il meurt, il porte beaucoup de fruit... Maintenant que je pense à cette mort, mon âme est troublée; et que dirai-je? mon père, sauvez-moi de cette heure! Mais non : c'est pour cette heure même que je suis venu au monde. Je dirai donc: Mon père, glorifiez votre nom..... C'est maintenant le jugement du monde; maintenant le Prince de ce monde va être chassé dehors; ET MOI, QUAND J'AURAI ÉTÉ ÉLEVÉ DE TERRE, J'ATTIRERAI TOUT A MOI. »

SAINT-JEAN, ch. 12.

Au pied de la Croix, et comme réalisation de cette parole du Sauveur, Personnages de toutes les conditions pris dans l'Église de France.

CÔTÉ GAUCHE.	CÔTÉ DROIT.
SAINT ELOY, artiste, Évêque de Noyon, et conseiller des Rois.	SAINT CRÉPIN, ouvrier cordonnier.
SAINT DENYS, Premier Évêque de Paris, martyr.	SAINT BERNARD, abbé, docteur de l'Eglise.
SAINT LANDRY, Évêque de Paris, fondateur de l'Hôtel-Dieu, (inhumé dans St-Germain-l'Auxerrois).	SAINT LÉON IX, Pape : auparavant, évêque de Toul, sous le nom de Brunon.
SAINT REMI, Évêque de Reims : Sacre des rois de France.	SAINT ROCH : dévouement au milieu des pestes et des fléaux publics.
SAINT LOUIS, Roi de France.	SAINT VINCENT DE PAUL, fondateur des Prêtres de la Mission, dits Lazaristes et des Sœurs de Charité.
SAINT JEAN DE VALOIS, fondateur de l'Ordre des Trinitaires pour la rédemption des Captifs.	SAINT CLOUD, fils du roi Clodomir, prêtre.
SAINT MARTIN, guerrier, puis évêque de Tours.	SAINT AMBROISE (né dans les Gaules), Archevêque de Milan, docteur de l'église.
SAINTE GENEVIÈVE, Patronne de Paris.	SAINTE CLOTILDE, Reine de France.
JEANNE D'ARC.	SAINTE BLANDINE, esclave, martyre à Lyon.

4ᵉ TABLEAU.

Jésus envoyant ses Apôtres.

Les disciples étant sur la montagne des Oliviers , accompagnés , suivant la tradition , de la sainte Vierge , des saintes Femmes et d'autres témoins, Jésus, sur le point de les quitter pour remonter au ciel, à la droite de son père, s'approcha de ses Apôtres, et leur dit : « Toute puissance m'a été donnée dans le ciel et sur la terre : allez donc de ma part, et instruisez toutes les nations, les baptisant au nom du Père, du Fils et du Saint-Esprit , et leur apprenant à observer toutes les choses que je vous ai prescrites , et assurez-vous que je suis toujours avec vous jusqu'à la consommation des siècles. »

SAINT-MATHIEU, ch. 28.

Au dessous des Apôtres , en face du Sauveur, Madeleine absorbée dans les sentiments de l'adoration et de l'amour. — Puis, la sainte Vierge environnée d'un groupe de saintes Femmes qui la félicitent des prérogatives de miséricorde qu'en sa qualité de mère du Sauveur, elle aura désormais à exercer en faveur du nouveau peuple, conquis à son divin Fils par la mission qu'il confère à ses Apôtres.

5ᵉ TABLEAU.

L'Esprit saint descendant sur les Apôtres.

« Le jour de la fête de la Pentecôte, les Disciples étant tous ensemble dans un même lieu, on entendit tout d'un coup un grand bruit, comme d'un vent violent qui venait du ciel, et qui remplit toute la maison où ils étaient assis : en même temps, ils virent paraître comme des langues de feu qui se partagèrent et s'arrêtèrent sur chacun d'eux. »

Actes, ch. 2.

6ᵉ ET 7ᵉ TABLEAU.

Au dessous des Ogives, sous les voûtes.

Les quatre Évangélistes écrivant les Saints Évangiles.

FIGURES SUR LES PILIERS DU PORTIQUE.

Ces figures personnifient quelques uns des vices ou passions que l'enseignement évangélique vient combattre et chasser de l'héritage de Jésus-Christ sur la terre.

1ʳᵉ et 2ᵉ figure. — ADAM ET ÈVE. — Désobéissance contre le précepte de Dieu.

Genèse, ch. 3.

3ᵉ et 4ᵉ figure. — ABEL ET CAÏN. — Fratricide : crimes de l'homme contre l'homme, c'est-à-dire contre son frère.

GENÈSE, ch. 4.

5ᵉ figure. — ABSALON. — Révolte contre l'autorité paternelle.

2ᵉ LIVRE DES ROIS, ch. 15 et suiv.

6ᵉ figure. — BALTHASAR. — Impiété : profanation des choses saintes.

DANIEL, ch. 5.

7ᵉ figure. — HÉRODIADE. — Impudicité et ses cruautés.

SAINT MATHIEU, ch. 14.

8ᵉ figure. — JUDAS. — Trahison.

SAINT MATHIEU, ch. 26 et 27. — ACTES, ch. 1.

SCULPTURES.

FAÇADE EXTÉRIEURE DU PORTIQUE.

En haut : Les rois, SAINT CHARLEMAGNE,
SAINT LOUIS.

Au milieu, autour des piliers. Les évêques de Paris,
SAINT DENIS,
SAINT MARCEL,
SAINT GERMAIN, patron de Saint-
Germain des Prés,
SAINT CÉRAN,
SAINT LANDRY,
SAINT AGILBERT,

Par bas : Les reines de France,
SAINTE CLOTILDE,
SAINTE RADÉGONDE,
SAINTE BATHILDE,
SAINTE JEANNE DE VALOIS.

En retour, à gauche : SAINT CLOUD.

à droite : SAINT FRANÇOIS (ancienne statue).

SOUS LE PORTIQUE.

GRANDE PORTE.

Pilier du milieu : La Sainte Vierge.

Côté droit : Saint Germain, évêque d'Auxerre, patron titulaire de l'Eglise (ancienne statue).

Sainte Geneviève, patronne de Paris (ancienne statue).

Un ange portant un flambeau allumé (ancienne statue) (1).

(1) Il est rapporté dans la vie de sainte Geneviève, que les Parisiens, effrayés du bruit de la marche d'Attila, chef des Huns, qui s'avançait sur Paris à la tête d'une armée formidable, résolurent d'abandonner la ville et de chercher un refuge dans quelque place mieux défendue. Geneviève, pleine de courage et de confiance en Dieu au milieu de la consternation universelle, ne craignit pas de leur promettre qu'ils seraient préservés, s'ils avaient recours aux jeûnes, aux veilles et aux prières. Mais on la traita de visionnaire, d'hypocrite ; on la chargea des imputations les plus odieuses : la foule, excitée par les ennemis de sa foi et de sa piété, s'ameuta contre elle, et on la jeta en prison, où, indifférente pour elle-même, elle offrait à Dieu, avec larmes, sa propre vie en échange du salut de ses concitoyens. Elle y aurait probablement péri victime d'une haine injuste, sans l'arrivée de l'archidiacre d'Auxerre qui, sur ces entrefaites, venait lui apporter des présents de la part de saint Germain, témoignages d'estime et de communion de foi que le Saint avait chargé qu'on lui remît, deux ans auparavant, au moment de sa mort. Ce nom, vénéré dans Paris, et la nouvelle qu'Attila avait changé sa marche, changèrent les dispositions des Parisiens qui conçurent pour elle une vénération qui ne fit plus que s'accroître de jour en jour.

Là dessus, une légende raconte que pendant que Geneviève était en prison, occupée jour et nuit à appeler la miséricorde sur la cité par des prières et de saintes lectures, le Diable, pour empêcher les bons effets de son intercession et ménager ainsi aux Parisiens tous les maux possibles, venait éteindre sa lumière en soufflant dessus ; mais, à chaque fois, un ange lui rapportait un flambeau tout allumé, et la Sainte, continuant ses larmes et ses supplications, fléchissait la justice divine et détournait le fléau destructeur. C'est cette légende qui est ici mise en sculpture.

Côté gauche : SAINT VINCENT, diacre-martyr, 2e patron (ancienne statue).

Le roi CHILDEBERT (ancienne statue).
La reine ULTROGOTE (ancienne statue).

Voussures. 1er rayon : Les Apôtres.

2e rayon : Les Vierges sages et les Vierges folles. (1)

3e rayon : Des Anges ; au dessous d'eux, d'un côté , les Élus heureux dans le sein d'Abraham, et , de l'autre, les Réprouvés tourmentés dans l'enfer.

Côté de la porte de gauche : SAINT AMÂTRE , év. d'Auxerre, prédécesseur de S. Germain.

Côté de la porte de droite : SAINT ALODE , év. d'Auxerre, élève et successeur de saint GERMAIN.

(1) Parabole des dix Vierges : Le royaume des Cieux sera semblable à dix vierges qui, ayant pris leurs lampes, allèrent au devant de l'époux et de l'épouse. Cinq d'entre elles étaient folles, et cinq sages. Les cinq folles, ayant pris leurs lampes, ne se pourvurent point d'huile ; mais les sages prirent de l'huile dans leurs vases avec leurs lampes. Or, l'époux tardant à venir, toutes s'assoupirent et s'endormirent. Mais, au milieu de la nuit, un cri s'éleva : Voici l'époux qui vient, allez au devant de lui. Aussitôt, toutes ces vierges se levèrent, et préparèrent leurs lampes. Et les folles dirent aux sages : Donnez-nous de votre huile, car nos lampes s'éteignent. Les sages répondirent : De peur que peut-être nous n'en ayons pas assez pour nous et pour vous, allez-en plutôt acheter de ceux qui la vendent. Or, pendant qu'elles allaient en acheter, l'époux arriva ; et celles qui étaient prêtes entrèrent avec lui dans la salle du festin, et la porte fut fermée. Enfin, les autres vierges vinrent aussi, disant : Seigneur, Seigneur, ouvrez-nous. Mais il leur répondit : En vérité, je vous le dis, je ne vous connais point VEILLEZ-DONC, PARCE QUE VOUS NE SAVEZ NI LE JOUR NI L'HEURE. (Saint Mathieu, chap. 25.)

NOTA. — Les Vierges sages portent leurs lampes droites ; les Vierges folles les tiennent renversées.

Sur les piliers intérieurs : SAINTE MARIE ÉGYPTIENNE, pénitente (ancienne statue).

SAINTE ISABELLE, vierge, sœur unique de S. LOUIS, fondatrice de l'Abbaye de Lonchamp, près Paris.

CLEFS SOUS LES VOUTES.

Voûte à gauche : L'Adoration des Bergers.

Voûte du milieu : Les symboles des quatre Evangélistes.

Voûte à droite : La Cène.

Imprimerie et lith. de Maulde et Renou, rue Pailleul, 9-11.